“一带一路”这五年的故事

“一带一路”
未来史诗

刘 伟 主编

CIPG China Foreign Languages Publishing Administration 中国外文出版发行事业局
外文出版社 FOREIGN LANGUAGES PRESS

导言

在中国提出“一带一路”倡议两年后，联合国193个会员国于2015年9月25日在纽约总部召开了可持续发展峰会，大会正式通过了17项可持续发展目标（Sustainable Development Goals, SDGs）。其目的是在原先的“联合国千年发展目标”(Millennium Development Goals, MDGs, 2000—2015年）到期之后，继续指导2015年至2030年的全球发展，并以综合方式解决社会、经济和环境三个维度的发展问题，走可持续发展道路。

中国作为负责任大国，理所当然地积极参与联合国可持续发展目标的创建活动，并自觉将其提出的“一带一路”全球合作与发展倡议与联合国指针无缝对接。

在刚刚提出可持续发展目标的时候，联合国其实并不确定，在15年后的2030年，17个可持续发展目标是否能够全部实现。联合国更迫切地想知道，世界大国和主要经济体能否真正拿出足够的诚意和勇气，以共同的实际行动去推动上述全球性问题的解决落实。

尽管在纽约联合国总部大楼工作的很多人都愿意相信“作为大势所趋的全球化是不可逆的”，可当2017年汹涌澎湃的“逆全球化”浪潮裹挟着经济民族主义、新孤立主义、贸易保护主义以及各色民粹主义扑面而来时，即便最坚定、最自信的全球主义者恐怕也不得不正视此前历史学家的一些忠告：在19世纪、20世纪的人类历史中，所谓的“全球化”或者经贸上的“相互依赖”也曾多次达到相当高的程度，以至于那时的人们都坚信这种趋势势不可当；然而随之而来的大危机不仅一次次中止了全球化进程，甚至还以大战的形式将人类文明的道德底线与国际交往的基本礼仪打回粗鄙的原形，使过度乐观的情绪如梦幻泡影消逝。

《2030年可持续发展议程》将联合国的发展规划以及人类历史的进程带入了新的时代。在接下来的时间里，可持续发展进程究竟将如何展开？它与“一带一路”的全球推进又将产生何种互动、关联与“化学反应”？

我们在此展望未来。

目 录

三条“丝绸之路”上的文明复兴与交融

在古老的亚欧大陆，先民们曾建立并维系着若干条不同的商路。这些商路大体可以分为两条：一条是人们所熟悉的，从古都长安出发，经由西域至中亚、西亚，再通往地中海、欧洲；另一条则更为靠北，主要是通过北方的游牧民族在东西方文明间互通有无。前者因为多途经大漠，故被称为"驼铃丝绸之路"；后者则称为"草原丝绸之路"。

在亚欧大陆数千年的历史脉络中，这些商路时而繁盛，时而又因战火、瘟疫而衰落、改道；时而齐齐聚向那些崛起帝国的华丽新都，时而又分道扬镳，如毛细血管般朝着不同文明交界的边地款款延伸，然后织起一张流动着财富、知识与规则的大网。

欧亚商路的兴衰离合本身就早已成为沿线各种文明共命运的一部分。近代以降，随着海洋文明的兴起，陆上曾经繁盛无比的都会、绿洲纷纷走向衰败。驼铃声声纵然被绿皮火车的轰鸣所取代，却终究敌不过大船海运的成本优势。

然而，随着新一代高铁技术的日趋完善以及相关管理技术的整体跃迁，一个"新亚欧大陆时代"正如旭日般喷薄欲出。随着中俄"一带一路"与"欧亚经济联盟"项目对接的纵深推进，随着以"义新欧"为代表的新时代亚欧大陆桥经济走廊的持续推进，古老的丝绸之路在科技的激发下重焕青春。与此同时，受益于人类航海、破冰技术的进步，以及中、俄等国对和平利用北极资源达成的共识，一条亘古未有的"冰上丝绸之路"已然破冰前航，将亚欧大陆的东西两端更紧密地连接在一起。

1. 驼铃丝绸之路：携手中亚走向"光明"

2013 年 9 月 7 日，在哈萨克斯坦纳扎尔巴耶夫大学，中国国家主席习近平发表了题为《弘扬人民友谊，共创美好未来》的划时代演讲。五年来，中国的"一带一路"倡议与哈萨克斯坦总统于 2014 年 11 月正式提出的"光明之路——通向未来之路"新经济计划无缝对接，双方倾力合作，致力于完成联合国可持续发展目标，希望通过区域合作惠及中亚其他国家，来复兴古老的驼铃丝路。

"光明之路"旨在通过加强哈萨克斯坦基础设施建设来保障经济与社会的可持续发展。基础设施项目主要涉及交通、工业、能源、社会、文化等领域。在未来的合作中，中哈两国政府和建设者将共同加强对本地区运输和物流基础设施的投资，并努力将哈国内运输网络升级改造为能够向东承接中国、向西对口欧洲及中东等各大市场的主要运输枢纽和交通大动脉，以此来推动区域经济整合。

从阿拉木图州穿越美丽的巴尔喀什湖到卡拉干达州，再从阿克托别州到通往西欧和地中海世界的西哈萨克斯坦州，或者拐向西南，来到里海北岸的阿特劳州，来到坐落在乌拉尔河美丽入海口的阿特劳市，处处都将在可期的未来变成一派欣欣向荣的图景。

以阿特劳市为例，“一带一路”让这座城市的市民从中获得了实实在在的福祉。当初在开启“一带一路”与“光明之路”对接项目时，他们就准确预计到新的大规模投资和油气管线、铁路公路建设可能对城市饮用水、电及土地供应方面所带来的挑战，于是预留了“提前量”，即与中国工程师们商量，适度超前提升城市的基础设施和公共服务供给水平。居民的人均饮用水在量与质上都有了显著提高，而工作岗位的增加更是喜人。与此同时，更加绿色环保、可持续且容易给当地中低收入居民带来明显收入提升的旅游业，也由于交通的畅通而空前繁荣起来。

事实上，阿特劳市也只是一个缩影，在哈萨克斯坦的"光明之路"上还有更多、规模更大的城镇与都会正走向可持续繁荣。同样，在乌兹别克斯坦的塔什干与布哈拉，在吉尔吉斯斯坦的比什凯克、巴特肯、贾拉拉巴德，在塔吉克斯坦的杜尚别…… 驼铃丝路正在复兴。

2. 草原丝绸之路："义新欧"续写的北国传奇

在驼铃丝绸之路以北，在千百年的东西方交流史上，还活跃着另外一条重要的商路——草原丝绸之路。它勃兴于亚欧大陆的北纬 40 度至 50 度之间的中纬度地区。那里也正是游牧文明与农耕文明的冲突与合作、交汇与融合之地。

过去，东方人骑驴赶马，驮着人参、绸缎、茶叶等特产，从汉朝的右北平，元朝的大都以及明清的山西太原、大同等地，向北越过阴山、燕山一带长城沿线，再由西北穿越蒙古高原、中西亚北部，直达地中海欧洲地区。

今天，"义新欧"中欧班列连接东西，欧亚天堑变通途。2014 年 7 月 1 日，一辆满载着浙江及周边地区生产的机电产品和小商品的

81018 号"义新欧"铁路国际联运班列从义乌——中国东南最具经济活力的小商品生产与转运基地开出，运载着 88 个标箱，以每小时 120 公里的速度直奔新疆的阿拉山口转关。这些物美价廉的商品很快会被摆上哈萨克斯坦、乌兹别克斯坦和俄罗斯等国的货架。与此同时，"义新欧"继续一路向西，最终抵达波罗的海东岸最耀眼的明珠——圣彼得堡。

"义新欧"在被纳入序列后便有了固定的发车时间，且频次还在逐年增加。"义新欧"的车速也在不断提升，当车速提至每小时 120 公里时，从义乌到达阿拉山口的运行时间就可严格控制在 5 天之内，比以往缩短 3—4 天。而且，中国、俄罗斯、蒙古国、哈萨克斯坦、吉尔吉斯斯坦等国的海关也同步入驻，全面实行现场施封、验放等通关服务，以提高通关效率。"义新欧"中欧班列的运行，省去了以往义乌小商品通过宁波、上海走海运再到俄罗斯符拉迪沃斯托克转运的环节，使运输成本减少 1/3。

作为丝绸之路的新起点，同时借助中俄"一带一路"建设与欧亚经济联盟对接合作的东风，义乌终于在整合亚欧大陆经济力量的历史进程中找到了自己的位置。

2014 年 5 月 29 日，俄罗斯、白俄罗斯、哈萨克斯坦三国元首签订《欧亚经济联盟条约》，该条约于 2015 年 1 月 1 日生效，欧亚经济联盟正式成立。2015 年 5 月 8 日，中国和俄罗斯两国元首在莫斯科发表《中华人民共和国与俄罗斯联邦关于丝绸之路经济带建设与欧亚经济联盟建设对接合作的联合声明》，这表明中俄两国在欧亚地区取得战略共识，为推进欧亚区域发展提供了政治保障。

此后，在 2016 年 6 月 25 日、2018 年 6 月 8 日、2018 年 11 月 7 日，中俄两国领导人多次进行会晤并发表联合声明、联合公报，逐步提升“一带一路”和欧亚经济联盟的对接层级与合作深度，并做出实质性制度安排。

作为中蒙、中俄友谊的结晶，作为三国共同发展、合作多赢的最新成果，草原丝绸之路进一步加强了三国的互联互通，促进它们的共同发展。展望未来 15 年，三国人民所组成的建设大军不仅将共同打造从中国华北、东北经蒙古国、西伯利亚直抵莫斯科、圣彼得堡近 9000 公里的公路、铁路、航空、水路以及光纤通信“通道”综合互通工程，还会以此带动三方在走廊沿线开展重大项目、基础设施、能源资源、农业水利、信息通信等多个领域的合作，创立更多工业园区和自贸区，让更多的当地人民能够找到条件更好、收入更高的工作，从而摆脱贫困，走上可持续发展的道路。

3. 冰上丝绸之路：亘古未有之创举

从草原丝绸之路继续往北，来到浩瀚的北冰洋，本以为只有冰雪荒原，却不料“柳暗花明又一村”，另一条亘古未有的新丝绸之路顿时展现在眼前——冰上丝绸之路。

2015 年，在中俄总理第二十次定期会晤联合公报中，“冰上丝绸之路”的雏形开始出现——双方表示要共同“加强北方海航道开发利用合作，开展北极航运研究”；而在中俄总理第二十一次定期会晤联合公报中，表述则升级为“对联合开发北方海航道运输潜力的前景进行研究”。

在 2017 年 5 月举行的“一带一路”国际合作高峰论坛上，俄罗斯总统普京明确表示：“希望中国能利用北极航道，把北极航道同‘一带一路’连接起来。”两个月后，中国国家主席习近平在莫斯科会见俄罗斯总理梅德韦杰夫时，双方达成共识，要开展北极航道合作，共同打造"冰上丝绸之路"。

2018 年 9 月 5 日傍晚，经过 33 天海上航行，中远海运"天恩"号货轮抵达法国西北部港口城市鲁昂。这是"天恩"轮首次沿"冰上丝绸之路"取道北极访问欧洲。由此，一场多国携手共同开发北极、探索人类文明极致的史诗正式拉开序幕。这条旷古未有的全新的丝绸之路，西起西北欧北部海域，途经巴伦支海、喀拉海、拉普捷夫海、东西伯利亚海和白令海峡，一路向东抵达符拉迪沃斯托克。从航行距离看，它无疑是连接东北亚与西欧最短的海上航线。

为此，中俄将在接下来的时间中通过多个重大项目推进北极航线的务实合作。譬如在交通领域，中远海运集团和俄航运公司及科考人员将多次试航，不断拓宽北极航道的适航性，同时加强沿线港口基础设施建设。

在制度合作层面，中俄两国交通部门将通过多次协商谈判，逐步就北极航线开发、中俄极地水域海事合作等重大问题达成高度共识，并拟定共同行动纲领和行为准则，不断完善北极开发合作的政策和法律基础。中国商务部和俄罗斯经济发展部还希望能够牵头成立新的北极共同开发专项工作机制，以便更加有条不紊地统筹推进北极航道的开发利用。

在制度建设的基础上，中俄两国企业一方面积极开展北极地区的油气勘探开发合作，同时也与联合国等组织为保护当地生态环境而采取切实行动。由此，一条起于航运与基础设施建设，然后逐步向矿产、能源、旅游、科考、环保等多领域全面发展的产业链正在逐步发展起来。

鲜花绽放在
喜马拉雅山下

1. 瓜达尔：从小渔村到国际大港的传奇

东经 62.26 度，北纬 25.17 度。

在南亚次大陆的西端，在印度洋北缘与阿拉伯海的交汇处，正风起云涌。

在乌尔都语里，瓜达尔意为“风之门”。早在 1964 年，巴基斯坦就决定把它建成港口，然而由于种种原因一再拖延。

进入 21 世纪，中国作为巴基斯坦最可信赖的邻国友邦广泛参与到对巴投资与共同建设中来。2001 年起，中国开始参与俾路支省开发，重点就在瓜达尔深水港及其经济特区。

2013 年，“一带一路”倡议的重大先行先试项目——中巴经济走廊建设正式启动。随后，中巴经济走廊框架下一批能源、交通、基建项目相继落地，项目建设如火如荼。

同年，巴基斯坦政府决定将瓜达尔港运营权移交给中国海外港口控股有限公司。瓜达尔自由区有限公司副总经理胡耀宗是瓜达尔港发展的见证者，他回忆说：“当时瓜达尔一片荒芜，从空中向下看，一面是蓝色的大海，另一面全是土黄色的沙漠地带，飞机落地仿佛登陆火星。”

也就是在这"土黄的火星"，胡耀宗认识了贾玛尔迪尼，两人因为共同的事业而相识，并结下深厚的情谊，成为中巴世代友好的象征。那年，贾玛尔迪尼刚刚出任瓜达尔港港务局主席，他认为自己非常幸运，见证了这段历史奇迹以及中巴友谊。

贾玛尔迪尼出生于俾路支省一个叫 Nushiki 的小镇，这个小镇与阿富汗和伊朗接壤，而俾路支省正是瓜达尔港口所在地。在担任瓜达尔港务局主席之前，他曾担任俾路支省财政部常务秘书长，之前还担任过能源厅副厅长，并管理过宗教事务，也在省经济部门工作过，一共 15 年。由于中巴合作建设瓜达尔港，贾玛尔迪尼经过层层遴选，终于成为瓜达尔港口第十任主席。这是他第一次从事港口管理工作。

在经济走廊开工后的五年里，他亲眼看到整个港口面貌焕然一新。老化、生锈的设备拆除了，换上了现代化的崭新设备；自贸区建起来了，会展中心、商务中心、医疗中心、培训中心等大厦拔地而起，成为亮丽的风景线。随着港口吞吐量的增加，瓜达尔港又新增 5 台集装箱岸桥，修建 10 万平方米堆场并配置集装箱扫描仪等设施，该港终于具备了处理包括散货、集装箱、滚装货物等全作业能力。瓜达尔港处处都倾注着胡耀宗、贾玛尔迪尼等一代创业者的艰辛与汗水。

2. 进一步推动跨喜马拉雅地区合作

中国外交历来倡导多边主义而非单边主义，即在正确义利观的引领下，把国家利益与世界利益、人类的共同命运有机结合起来，从而做到“义利兼顾，要讲信义、重情义、扬正义、树道义”。在双边合作中，中国也历来重视第三方的感受和利益，这一点在“一带一路”的合作中处处都有体现。

在中国—尼泊尔—印度经济走廊的合作中，中国深切理解印度方面对其在南亚地区的传统影响力的重视。因此在与尼泊尔等国的合作中，每一阶段都对包括印度在内的国际社会保持了高度的透明度，以期增信释疑；同时更诚挚邀请有关方面加入到现有的双边合作中，从而搭建一个更广泛、更有包容性的多边合作大框架，为进一步深入开展地区合作奠定坚实的政策沟通、民心相通基础。

五年来，在中巴走廊的建设中，正如习近平主席所倡导和推动的，中巴两国充分发挥经济走廊建设对务实合作的引领作用，以走廊建设为中心，以瓜达尔港、能源、基础设施建设、产业合作为重点，逐步形成了“1+4”产业布局。展望未来，中巴经济走廊所产生的成果必将惠及巴基斯坦全体人民，进而让周边各国人民也分享互联互通、共同发展的巨大红利。

作为中、巴两国共同的友好国家，伊朗同样积极参与到中巴走廊的建设与维护中。中国也在瓜达尔港附近的伊朗恰巴哈尔港进行投资，并兴建连接该地区与瓜达尔港的油气管线。此外，中国还和伊朗共同建设霍尔木兹海峡内的格什姆岛石油码头，并大幅升级该码头油库的设施水平和使用率。

可见中巴经济走廊不仅是中巴经济合作的重要内容，还实现了与巴基斯坦提振国内经济发展战略的良好对接。它也是“一带一路”建设的旗舰项目，为“一带一路”起到示范和引领作用，增强“一带一路”沿线国家和地区的信心。从地缘经济的宏观角度看，中巴经济走廊的贯通，把南亚、中亚、中东、北非等国家通过经济、能源领域的合作紧密联合起来，进一步推动跨喜马拉雅地区的合作。

推而广之，以中巴经济走廊、中尼印经济

走廊等为代表的中国与周边国家“一带一路”合作项目，绝不仅仅是中国与这些东道国之间的合作典范，更是一项基于地区多边主义的公共物品。它们的正面外溢效应已经普惠到南亚次大陆、中西亚，乃至整个环印度洋地区，推动区域各国经济的大协同、大发展。在哲学层面，它所体现的正是“一带一路”倡议的总设计师习近平主席所一贯主张的“亲诚惠荣”的周边外交理念。

海上生明月

1. 从中国到南洋：海内存知己，天涯若比邻

2013 年在印度尼西亚，中国国家主席习近平正式提出了共建“21 世纪海上丝绸之路”的合作构想和倡议。此后，中国“一带一路”倡议与印尼“全球海上支点”计划逐步实现对接，有力地促进了两国乃至整个东亚—东南亚地区的经济整合与可持续发展。

印度尼西亚是东南亚地区最大的经济体，作为二十国集团（G20）中唯一的东盟国家，在东南亚乃至亚太地区都有着重要的影响力。

早在 2014 年，印尼就已经连续四年成为中国在东南亚第一大工程承包市场，当时的泗马大桥、加蒂格迪大坝等一批项目都在进行之中。2015 年 10 月，中国企业获得了修建全长 150 公里的雅加达至万隆的高铁合同，再次证明了基础设施在两国战略对接方面的重要性。在中国和印尼两国政府的鼎力支持与人民的密切配合下，全线竣工后的雅万高铁将印尼最有活力的两座国际大都会紧密地联系在一起。

与此同时，中国也不断加强对印尼的直接投资，直接带动当地多部门产业的迅猛发展，尤其是在石油、天然气、矿产、家电和通信等领域。而在颇有印尼海洋国家特色的造船业，

两国的互利合作更是迈上新台阶。中国在国际造船与航运业相对领先的建造和经营能力，与印尼市场的旺盛需求一拍即合，产生了巨大的"化学反应"。中国与印尼两国还通过相互投资、合资等多种经营模式，共同打造出一大批有代表性的重大工程，不但打造了中国企业在印尼的品牌，赢得了良好声誉，也为当地人民带去了就业机会，收入不断增加。

2. 从南洋到西洋：续写郑和的传奇

六百年前，中国伟大的航海家郑和七下西洋，航行至现今的印度、斯里兰卡、东非沿岸国家，写下了人类航海史的壮丽诗篇。

今天，沿着郑和的足迹，怀抱着同样的和平、平等、公平理念，中国人再下"西洋"，与东南亚、南亚、东非的友人们共建美好家园。

位于中欧海上航线之间的汉班托塔港，曾迟迟得不到发展，但如今却成为斯里兰卡面向未来的新地标与新骄傲。

2009 年，斯里兰卡开始了大规模的战后重建工作。作为斯里兰卡人民的老朋友，中国责无旁贷地及时提供帮助，积极参与斯里兰卡的基础设施建设，其中就包括拉贾帕克萨总统的“马欣达愿景”——将汉班托塔建设成世界级港口，重新恢复斯里兰卡在海上丝绸之路中的重要地位，使其成为连接东西方的海运、航空及商贸中心。

在当时斯里兰卡向邻国与国际组织借贷无果的情况下，中国方面决定给予资金和技术支援，与斯里兰卡达成汉班托塔港的建设意向。该港一期主体工程于 2012 年 12 月完成，工程合同额 3.61 亿美元，实际总造价 5.80 亿美元，当地政府出资 15%，另外 85% 的资金来自中国进出口银行提供的买方信贷。二期工程于 2012 年 11 月开工，2015 年底基本完工，合同额 8.08 亿美元，由中国进出口银行提供贷款。

2015 年后，中国和斯里兰卡在“一带一路”合作的框架下，大大提升了双边合作的深度与广度，而汉班托塔港则成为中斯两国众多合作项目中的旗舰、标杆。汉班托塔深水港的建成，极大提升了斯里兰卡在马六甲海峡与苏伊士运河航线中的战略地位，并对该国经济产生巨大的拉动效应。如今，港口相关业务已经为当地人提供了 6000 个直接就业机会以及 5 万—10 万个间接就业机会。从斯里兰卡国家发展的大战略来看，科伦坡港和汉班托塔港在高铁连通后，将形成以科伦波和汉班托塔为“两翼”、科伦坡—汉班托塔经济带为核心的“两翼一带”国家发展模式。两大港口的互动将形成巨大的协同效应，不仅可以推动整个国家社会与经济的快速发展，还会强化斯里兰卡在国际航运中的战略地位。

与此同时，为了进一步落实联合国可持续发展目标，为当地人民的未来福祉提供可持续的财富之源，中斯两国的政治家高瞻远瞩地认定，必须将汉班托塔港真正建成世界航运的中转中心。而这也意味着港口所在的城市将成为继首都科伦坡之后斯里兰卡的第二大工业、贸易与文化中心，即通过自身强大的产业来支撑日益繁荣的国际贸易。

此外，中斯两国也借助建设产业基地发展外向型经济。2017 年 1 月，中国—斯里兰卡产业园区正式奠基。园区占地 50 平方公里，主要用以发展船舶业，以及以海产品、农副产品等为主的加工制造业。该园区是中斯双边经贸合作的典范，向全世界所有企业开放。预计在优惠政策、优良营商环境和优质园区服务的共同促进下，入驻企业会在产业园区运营良好，既能获得利润，也能为当地提供了就业岗位，同时还能“反哺”港口、机场、公路等基础设施建设，从而通过提高港口利用率来实现投资与产能合作的良性互动。

3. 从南洋到南太：亚太合作再上新台阶

2018 年 11 月 14 日，在巴布亚新几内亚首都莫尔兹比港，亚太经贸合作组织（Asia-Pacific Economic Cooperation，APEC）举行了第二十六次领导人非正式会议。

对巴布亚新几内亚来说，这次峰会的举行意义非凡。因为大会不仅代表着 APEC 各成员国对过去巴新在联合国框架下推进减贫与可持续发展所取得成就的集体认可，更是以此为契机，为其在亚太区域框架下的新经济大发展提供强劲推力。而在这个伟大的历史进程中，中国的“一带一路”南太平洋项目同样功不可没。

其实，早在 APEC 峰会举行的数月之前，中国和巴布亚新几内亚就于同年 6 月 21 日签署《中华人民共和国政府与巴布亚新几内亚独立国政府关于共同推进丝绸之路经济带和 21 世纪海上丝绸之路建设的谅解备忘录》，巴新也随之成为首个加入“一带一路”朋友圈的太平洋岛国。

两国谅解备忘录认为，中巴新两国在基础设施建设、高端食品销售方面具有高度互补特性，在经贸、投资、农业、旅游、基础设施等领域有着长远合作前景。

巴新国土面积为 46.28 万平方公里，由 600 多个岛屿组成，西与印度尼西亚接壤，南隔托雷斯海峡与澳大利亚相望，是南太平洋岛国中陆地面积最大的国家。

巴新拥有丰富的自然资源和巨大发展潜力，矿产、石油和经济作物种植是其支柱产业。巴新已探明铜矿储量 2000 万吨，居世界第 10 位；黄金储量 3110 吨，居世界第 11 位；此外还有富金矿、铬、镍、铝矾土、海底天然气和石油等资源。巴新还拥有丰富的农、林、渔业资源，是太平洋岛国地区最大的椰油和椰干生产国，是南太平洋地区第三大渔区，盛产金枪鱼、对虾和龙虾。

而对巴新而言，中国作为距离并不算太遥远的超级大市场也同样充满吸引力。两国合作投产的瑞木镍矿项目，不仅成为截至目前中国在太平洋岛国地区最大投资项目，更为巴新当地居民带来上千个工作岗位，有力地改善了民生。

为新的篇章作序

2013年，一个明媚的秋日，在哈萨克斯坦的首都阿斯塔纳，中国国家主席习近平发表了一篇简短的演说，从此开启了一个崭新的时代。

在那段注定被历史铭记的演讲中，他深情地回忆起过去两千年里中国的先民们沿着那条古老的丝绸之路，不畏艰难险阻，一路披荆斩棘，途经中亚、西亚，直抵欧洲腹地的伟绩。在和平共处、公平贸易、平等互利等原则下，这条纵贯欧亚、横绝大漠的商路宛如一条“玉带”铺陈在这片广袤的土地上。而沿着这条“玉带”星罗棋布的一座座美丽富饶的绿洲城市、一个个生机勃勃的文明，则如璀璨的明珠、宝石点缀其间。

在这条“玉带”上，千百年来各国商贾川流不息，驼铃声声不绝于耳。他们来自五湖四海，原本素昧平生，却因为这条合作之带、友谊之带、富饶之带汇聚在一起。他们的生命、安危、财富、幸福、荣辱都彼此密切交织、相互依存，而后又都与这条“玉带”的兴衰枯荣紧紧相连，在千百年的交往实践中自然演化成一个你中有我、我中有你、同呼吸共命运的共同体。

千年繁华与灿烂，已为历史之陈迹。而站

在21世纪的地平线上，新时代的中国人正重拾他们祖先的光荣与梦想，携手当年那些好邻居、好伙伴的后裔们，矢志在这片各国先祖都曾共同奋斗过的热土上，再现并超越昔日的辉煌。

仅仅一个月后，还是这位中国领袖，在亚欧大陆的东南角，又画下一个圈。这次，他在享有“千岛之国”美誉的印度尼西亚再度发表演讲，提出要和那些海上的伙伴们共建“21世纪海上丝绸之路”。

中国古典名著《红楼梦》对来自爪哇的奇珍异宝有着形象的描述，而印度尼西亚国家博物馆则陈列了大量中国古代瓷器。这既是古代中国与东南亚先民友好交往的生动例证，更是对“海内存知己，天涯若比邻”的真实诠释。而最令世人印象深刻的无疑是中国古代伟大航海家郑和的壮举：携珍带宝，扬帆远航，与沿线的国家、部落平等贸易，童叟无欺。拥有强大武力却从不占人一寸土地，不掠一名奴隶，而是清扫海盗、打通航线，为南洋、西洋的“国际社会”提供“公共物品”，履行大国责任。

海上生明月。600年后的今天，中国人再度携手五洲四海的好伙伴们，带着关于他们先祖和平交往、亲密无间的美好回忆，正扬起新的风帆，朝着共同的未来远航。

五年的光阴匆匆而过。今天，当我们眺望更加遥远的未来并为之憧憬、擘画时，更有必要回顾过去五年来共同的奋斗历程。

无论是五年来的“一带一路”建设，还是三年来世界各国对联合国《2030 年可持续发展议程》的孜孜以求，都承载着中国人民对世界的担当与责任，象征着人类作为一个“你中有我、我中有你、同呼吸共命运的共同体”的理性自觉。

多少艰辛与不易，多少险阻与困难，多少智慧与果敢，多少团结与希望，领导人的高瞻远瞩与每一个普通建设者的辛劳汗水都凝聚在这一“带”与一“路”上。虽然“一带一路”倡议始于中国，但作为人类谋求改变自身命运、减少贫困与痛苦、推动可持续发展、在保护地球环境与实现人类文明进步之间保持适度张力与和谐的伟大创举和艰辛探索，“一带一路”早已成为一项国际公共产品，成为全人类的共有记忆、共同责任和共享财富。

所以，我们今天站在新的起点上回眸往昔，是站在全人类前途与命运的高度上，用未来的眼光审查历史——“人类对过往事物有教养的记忆”，以期汲取经验，点亮前程。

莎翁云:“一切过往，皆为序章。”作为开端的“一带一路”正在演奏下一乐章的序曲，撰写人类未来文明的序言。

我们，全体人类，都在路上。

人大重阳

RDCY

RDCY Think Tank Series

人大重阳智库作品系列

图书在版编目（CIP）数据
“一带一路”：未来史诗 / 刘伟主编．— 北京：外文出版社，2019. 3
（“一带一路”这五年的故事）
ISBN 978-7-119-11856-7
I. ①一… II. ①刘… III. ①“一带一路” - 国际合作 - 研究 IV. ① F125
中国版本图书馆 CIP 数据核字 (2019) 第 043086 号

出版策划：胡开敏
执行主编：王　文
特约编辑：胡海滨
责任编辑：熊冰頔
装帧设计：北京大盟文化艺术有限公司
内文排版：北京维诺传媒文化有限公司
印刷监制：章云天

“一带一路”：未来史诗

刘　伟　主编

出 版 人：徐　步
出版发行：外文出版社有限责任公司
地　　址：中国北京西城区百万庄大街 24 号　邮政编码：100037
网　　址：http://www.flp.com.cn　电子邮箱：flp@cipg.org.cn
电　　话：008610-68320579（总编室）
008610-68327750（版权部）
008610-68995852（发行部）
008610-68996064（编辑部）
印　　刷：北京飞达印刷有限责任公司
经　　销：新华书店 / 外文书店
开　　本：880mm × 1230mm　1/32
字　　数：18 千字
版　　次：2019 年 4 月第 1 版第 1 次印刷
书　　号：ISBN 978-7-119-11856-7
定　　价：28.00 元